미라클 인사이트

**미라클 인사이트**

ⓒ 나비이펙트 2021

2021년 10월 3일 1판 1쇄 발행
2021년 11월 2일 1판 2쇄 발행

펴낸이 | 이한님
펴낸곳 | 나비이펙트
기획 | 책추남 TV 조우석
디자인 | studio J
인쇄 | 영진문원

등록 | No.2021-000043호
주소 | 서울특별시 성북구 돌곶이로 40길 46
이메일 | navieffect2021@naver.com
팩스 | 0504-497-1401

ISBN 979-11-975842-0-6 (02300)

미라클 인사이트

## 미라클 인사이트 사용법

❶ 자신이 묻고 싶은 주제 질문을 다음과 같이 '미래에서 현재로' 질문하는 형태로 묻는다.

예) 나는 어떻게 이렇게 성공할 수 있었을까?
    나는 어떻게 이렇게 건강할 수 있었을까?
    나는 어떻게 이렇게 풍요로워질 수 있었을까?
    나는 어떻게 이렇게 멋진 관계를 누리게 되었을까?
    나는 어떻게 이렇게 행복해질 수 있었을까?

❷ 자신이 진정 원하는 것이 120% 이루어졌다면 어떤 느낌일지 상상한 후, 책을 덮은 채로 가슴에 가져다 댄다.

❸ 16초 이상 그 느낌을 충분히 느낀 후, 책을 손이나 무릎 혹은 책상에 내려놓는다.

❹ 주제 질문을 느끼면서, 책을 평소에 주로 사용하지 않는 손으로 훑다가 질문에 대한 통찰을 얻을 준비가 되었다고 느껴질 때, 그 페이지를 펼쳐본다.

❺ 그 페이지의 문장을 볼 때, 스쳐지나가는 이미지나 신체 감각, 감정을 포착해서 주제 질문에 대한 통찰로 연결한다.

❻ QR 코드를 찍어 책추남TV 유튜브 동영상을 청취하거나 책을 찾아 읽어본다.

❼ 문득 떠오른 통찰과 영감, 아이디어를 고요히 명상한 후, 즉시 행동으로 실천한다.

미라클 인사이트 저자 서문

책추남 1만 권 독서의 정수 100구절을
무의식 통찰 독서법으로 읽다!

미라클 인사이트(Miracle Insight)는 책추남 1만 권의 독서 중에서 100권을 선별하고, 이 100권의 책에서 다시 100구절을 뽑아 낸, 책추남 독서의 통찰과 지혜의 정수를 모아 놓은 책입니다. 미라클 인사이트는 의식만을 활용하는 독서를 넘어 무의식을 활용하는 독서법으로 삶에 당면한 문제나, 고민들을 해결해가는 혁신적인 방식으로 읽게 구성되어 있습니다.

미라클 인사이트는 우리 안의 무한한 보고인 무의식의 통찰을 신속하게 이끌어내는 책추남의 '게임풀씽킹'(Gameful Thinking) 코칭을 혼자서도 스스로 책으로 쉽게 경험할 수 있도록 고안된 혁신적인 셀프 코칭 북(SELF Coaching Book)입니다.

게임풀씽킹은 하버드의 변화 혁신 이론, MIT의 U Theory, 콜롬비아 MBA의 전략적 직관, 문제해결중심 코칭, 전뇌 사고, 써드 씽킹 등 세계 최고 수준의 창조적 통합 사고법들을 글로벌 메가트렌드로 자리잡은 게이미피케이션(Gamification)과 마인드풀니스(Mindfulness)로 통합한 의식과 무의식, 초의식을 통합적으로 활용하는 즐거운 전뇌 활용 통합 코칭법입니다.

게임풀씽킹은 평소에는 사용하지 않는 두뇌와 잠재의식을 활성화시킴은 물론 더 나아가 초의식과의 연결을 통해 현실 속에 당면한 문제들을 즐겁게 풀어낼 수 있는 혁신적 코칭법입니다.

⟨게임풀씽킹 코칭 참조 https://cafe.naver.com/booktuber/1495⟩

게임풀씽킹에 기반한 혁신적인 독서법을 활용하는 미라클 인사이트가 여러분이 일상 속에서 당면하는 인생의 고민이 있을 때, 삶에서 방향성이 필요할 때, 또는 새로운 통찰이나 영감, 아이디어가 필요할 때, 매일 여러분 곁에 두고 언제나 펴볼 수 있는 친근하고 재미있고 유용한 책으로, 여러분이 애벌레에서 나비로 날아오르는 '영웅의 여정'이라는 인생 항해를 해 나가는 데, 좋은 나침반과 내비게이션 역할이 되는 책이 되길 기도드립니다.

_ 저자 책추남 코코치(Co-Coach) 조우석

**사랑의 기적**
마리안느 윌리암슨 / 아름드리미디어 / 2005

당신이

사랑하는 것을 하라!

**나의 꿈 사용법**
고혜경 / 한겨레출판 / 2014

무의식에 이르는 왕도王道,
꿈을 이해하라!

**운명의 법칙**
뤼디거 달케 / 동아일보사 / 2012

인생이라는
게임의 법칙을 파악하라!

1퍼센트 부자의 법칙

사이토 히토리 / 한국경제신문 / 2004

반드시

일은 잘 풀릴 것이다!

**이유 없이 행복하라**
마시 시모프 / 황금가지 / 2009

행복을 위해서 살지 말고

행복으로 인해 살라!

**후나웨이**
서어지 카힐리 킹 / 침묵의 향기 / 2010

에너지는

주의가 가는 곳으로

흐른다!

하버드는 어떻게 최고의 협상을 하는가
윌리엄 유리 / 트로이목마 / 2016

진정 원하는 것을 얻는 데
가장 큰 장애물은
상대방이 아닌
바로 나 자신이다!

**성공을 부르는 일곱가지 영적 법칙**
디팩 초프라 / 슈리 크리슈나 다스 아쉬람 / 2010

'내게 어떤 이익이 되지?' 대신
'내가 어떻게 도울 수 있지?'를
물으라!

**그리고 모든 것이 변했다**
아니타 무르자니 / 샨티 / 2012

자기 자신이 되는 것을

결코

두려워하지 말라!

**본질에서 답을 찾아라**
오토 샤머 & 카트린 카우퍼 / 티핑 포인트 / 2013

반복해서 깊이 생각하면서

내적 깨달음이

찾아들게 하라!

잃어버린 기도의 비밀
그렉 브레이든 / 김영사 / 2021

당신의 느낌이
당신의 기도다!

**성공을 부르는 방 정리의 힘**
마스다 미츠히로 / 평단 / 2016

청소하라.
당신의 방은
당신의 미래를
보여준다!

**자기 사랑**
로렌스 크레인 / 가디언 / 2019

오직 자신을 있는 그대로 사랑하라.
이것이 우리가 할 수 있는
세상에서 가장
지혜로운 일이다!

**탈무드에서 배우는 돈의 지혜**
닐턴 본더 / 물병자리 / 2001

진짜 돈은
생존의 가능성을 다양화시키고
영적인 공부와 학습을 위한 시간을
확보하게 하며
정의를 위한 열망과
더 나은 세계를 위한 희망에
존재한다!

**여기가 끝이 아니다**
린 그라본 / 나비스쿨 / 2021

우리는
생각이 아닌 느낌으로
창조한다!

**즐겨라 위험하게 사는 즐거움**
오쇼 / 소담출판사 / 2005

인생이
불확실하다고 하지 말라.
대신 경이롭다고 하라!

**돈이란 무엇인가?**
존 데이비드 만 & 데이비드 크루거 / 시아출판사 / 2011

우리가 돈을 통해
정말 추구하는 것은
자신감, 마음의 평안이나
행복이다!

**감정 공부**
미리암 그린스팬 / 뜰 / 2008

두려움은
약함이 아니라
정보이자,
불안전함의 신호이자,
앎의 한 방식이자,
사용 가능한 에너지다!

삶이 내게 말을 걸어올 때
파커 파머 / 한문화 / 2001

당신이 인생에서
무엇을 이루고자 하기 전에,
인생이 당신을 통해
무엇을 이루고자 하는지에
귀 기울여라!

**가슴 뛰는 삶을 살아라**
다릴 앙카 / 나무를 심는 사람 / 1999

가슴 뛰는 삶을
살아라!

**나를 사랑하는 방법**
게이 헨드릭스 / 바보 / 2017

나는
나 자신을 사랑할 수 없는 나,
두려워하는 나,
행복해하는 나를 사랑한다!

**절제의 성공학**
미즈노 남보쿠 / 바람 / 2013

음식을 절제함으로써

만물을 아끼고

사랑하고 베풀어라!

그 빛에 감싸여
베티 이디 / 김영사 / 1994

받을 준비가 되면

모든 것이

주어질 것이다!

치유
루이스 L. 헤이 / 나들목 / 2012

모든 좋은 일은

자신을 진정으로

받아들이고 사랑할 때에야

비로소 시작된다!

세도나 메서드
헤일 도스킨 / 알에이치코리아 / 2021

좀 더 사랑하라.
문제는 완전히
사라질 것이다!

**인간력**
**다사카 히로시** / 웅진지식하우스 / 2017

타인과 부딪치고
마음이 멀어졌다가
그것을 또 초월하여
깊이 이어지는 인생,
그것이야말로
좋은 인생이다!

우주 리듬을 타라
디팩 초프라 / 샨티 / 2013

우주 리듬을 타라.
애써 노력하지 않아도
삶이 저절로
흘러가게 될 것이다!

**그림자 효과**
디팩 초프라 & 데비 포드 & 마리안 윌리엄슨 / 학지사 / 2017

당신의 그림자를
있는 그대로 포용하고 용서할 때,
엄청난 보물을
발견하게 될 것이다!

어포메이션
노아 세인트 존 / 이책 / 2014

나 스스로에게 하는
질문을 바꾸면
인생이 바뀐다!

용서
프레드 러스킨 / 알에이치코리아 / 2014

용서는 자신이 원하는 것을
세상이 허락해주지 않았을 때도
평화롭게 살아가는 것이며,
바로 나 자신을 위해서 하는 것이다!

당신도 초자연적이 될 수 있다
조 디스펜자 / 샨티 / 2019

당신은
스스로 생각하는 것보다
훨씬 크고
놀라운 존재다!

**삶으로 다시 떠오르기**
에크하르트 톨레 / 연금술사 / 2013

나는 나의 삶과
어떤 관계를
맺고 있는가?

통증 혁명

존 사노 / 국일 미디어 / 2006

무의식적 마음을 들여다보는

지혜의 눈을 키우면

통증은 사라질 수 있다!

**앞으로도 살아갈 당신에게**
히노하라 시게아키 / 서울문화사 / 2018

늘 새로운

나 자신과의 만남을

소중히 여기라!

**아티스트 웨이**
줄리아 카메론 / 경당 / 2012

당신 내면의

창조성을 일깨우라!

**칼 비테의 공부의 즐거움**
칼 비테 / 베이직북스 / 2008

배움을 즐겨라.
배움이 주는 즐거움은
지혜의 원천이다!

괜찮아, 다 잘되고 있으니까
사이토 히토리 / 경향BP / 2016

당신의 진동수를 높여라.
이것이 행복한 삶을 위해
가장 중요하다!

머니 테라피
데보라 프라이스 / 양문 / 2001

돈과
건강한 관계를
맺으라!

**건강과 치유의 비밀**
안드레아스 모리츠 / 에디터 / 2020

몸의

자연스러운 리듬과

조화를 이루며 살라!

**직관력은 어떻게 발휘되는가**
엘프리다 뮐러-카인츠, 크리스티네 죄닝 / 타커스 / 2021

자신을 개선하는 것보다
더 중요한 것은
다른 사람을 개선하려 들지
않는 것이다!

**무엇이 우리의 생각을 지배하는가**
엘든 테일러 / RHK / 2009

삶을 살아가는

나 자신만의 이유는

무엇인가?

**건강한 내 몸 사용법 알렉산더 테크닉**
최현묵 & 백희숙 / 무지개다리너머 / 2016

잠시 멈추면,
몸의 지혜는
저절로 온전한 흐름 속으로
우리를 안내한다!

**성공한 CEO는 단순하게 해결한다**
폴 잭슨 & 마크 맥커고우 / 지상사 / 2004

문제가 아닌
해결에 집중하라!

안식

아브라함 요수아 헤셸 / 복 있는 사람 / 2007

안식하라!

귀곡자

박찬철 & 공원국 / 위즈덤하우스 / 2008

남의 말을
정확하게 들어라!

**다섯 가지 소원**
게이 핸드릭스 / 랜덤하우스코리아 / 2008

만약 지금 이 순간

죽음을 맞이하게 된다면

당신의 소원은

무엇인가?

**아직도 가야 할 길**
M. 스캇 펙 / 율리시즈 / 2011

삶이 고통스럽다는 사실을
진정으로 이해하고 받아들이면,
삶은 더 이상 힘들지 않다!

**바라는 대로 이루어진다**
디팩 초프라 / 황금부엉이 / 2013

우주 전체가
당신의 운명을 창조하기 위해
상호작용하고 있다!

운을 지배하다
사쿠라이 쇼이치 & 후지타 스스무 / 프롬북스 / 2016

절대적인 답,

진정한 답,

그런 것은 어디에도 없다!

해피어
탈 벤 샤하르 / 위즈덤하우스 / 2007

Be Happier!

나로 살아가는 기쁨
아니타 무르자니 / 샨티 / 2017

두려움이 아닌

사랑으로

말하고 행동하라!

**우리는 신이다**
페테르 에르베 / 아름드리 / 1998

내 존재가
나를 부양한다!

SQ
도나 조하 & 이안 마셜 / 룩스북 / 2001

두려움은

우리의 가장 위대한

친구이다!

행운 사용법
김민기 & 조우석 / 문학동네 / 2013

당신의 행운을
스스로 창조하라!

이디시콥

닐턴 본더 / 정신세계사 / 2007

나 자신의 관점이

자원인 동시에

한계가 된다!

머니 머츄어리티
조지 킨더 / 티움 / 2015

내적인 목적의식이 없으면
탐욕은 불가피하다!

디퍼 시크릿
안네마리 포스트마 / 금토 / 2008

'인생과 남들에게
내가 줄 수 있는 것은
무엇일까?'라고
물어라!

무경계
켄 윌버 / 정신세계사 / 2012

나는 누구인가?

싱크로니시티
죠셉 자보르스키 / 에이지21 / 2021

내가 진정으로 원한다면
무엇도 나를 막을 수 없다!

**사후생**

엘리자베스 퀴블러 로스 / 대화문화아카데미 / 2020

우리 생의 유일한 목적은

있는 그대로

사랑하고 사랑받음을

배우기 위함이다!

**사람을 얻는 지혜**
발타자르 그라시안 / 타커스 / 2016

고마운 사람보다

필요한 사람이 돼라!

**타입Z 성공전략**
마크 알렌 / 프리미어프레스 / 2006

내 꿈과 목표는
쉽고 편안한 방법으로
완벽한 타이밍에
이루어지고 있다!

**소중한 나를 부자로 만들어 주는 지혜**
월러스 워틀스 / 생각의 나무 / 2010

당신의 부는
'마음 속 그림이 얼마나 선명한가?
의지와 신념이 얼마나 굳건한가?
감사하는 마음이 얼마나 진실한가?'에
비례한다!

**행운에도 법칙이 있다**
모로토미 요시히코 / 앱투스 미디어 / 2009

인생의 모든 사건에는

의미가 있다!

연기의 첫걸음
워렌 로버트슨 / 한울 / 2020

당신은
인생이란 작품의
주인공이다!

**몸과 영혼의 에너지 발전소**

짐 로허 & 토니 슈워츠 / 한언 / 2004

문제는
시간 관리가 아니라
에너지 관리다!

**나는 누구인가**
라마나 마하리쉬 / 청하 / 1987

자기 자신의 지혜의 눈으로

자기 자신의 진아眞我를

알아야 한다!

**우리는 왜 죽음을 두려워할 필요 없는가**
정현채 / 비아북 / 2018

두려워 말라.
당신이 알고 있는
그런 죽음은
존재하지 않는다!

**트랜서핑의 비밀**
바딤 젤란드 / 정신세계사 / 2008

간청하지 말고,
요구하지도 말고,
추구하지도 말고,
창조하라!

**자기 대화의 기술**
안드레아 가드너 / 판미동 / 2015

Change Your Words,

Change Your World!

머니룰
에스더 힉스 & 제리 힉스 / 나비랑북스 / 2012

바라는 것의 본질Essence을

느낄 수 있는 길을

반드시 찾아라!

**블리스로 가는 길**
조셉 캠벨 / 아니마 / 2020

당신 내면의 깊은 기쁨bliss을
따르며 두려워 말라.
그러면 우주가
사방이 막혔던 그곳에
당신을 위해
문을 열어 줄 것이다!

**대체 불가능한 존재가 돼라**
로드 주드킨스 / 위즈덤 하우스 / 2015

미래는
놀이를 되찾은 어른들 앞에
펼쳐질 것이다!

성공의 보디랭귀지
새미 몰효 / 사람과책 / 2007

긴장을 풀어!

**파워 오브 러브**
브라이언 와이스 / 윤앤퍼블리싱 / 2014

전력을 다해 사랑하고,
과감하게 두려움을 떨쳐라!

**소망을 이루어주는 감사의 힘**
놀른 C. 넬슨 & 르메어 칼라바 / 한문화 / 2004

감사는
우리가 원하는 것을
얻게 해주는
강력한 에너지다!

닥터 도티의 삶을 바꾸는 마술가게
제임스 도티 / 판미동 / 2016

당신이
원한다고 생각하는 것이
언제나 당신한테
최선의 것은 아니다!

**건강을 끌어당기는 절대법칙**
월러스 D. 와틀즈 / 북허브 / 2010

온 마음을 모아

건강만 생각하고

건강하게 행동하라!

**인생을 즐겁게 사는 법**
요시히코 모로토미 / 리드북 / 2004

내가 인생에서
겪는 모든 일은
필요하기 때문에
일어난다!

**내 뜻대로 이루어지는 힘**
시오야 노부오 / 기원전 / 2021

오로지

산소를

깊이 호흡하라!

100퍼센트 인생 경영

로버트 K. 쿠퍼 / 세종서적 / 2002

머리뿐 아니라
심장과 내장의 지능을
모두 활용하라!

**원하는 대로 산다**
혼다 켄 / 경향BP / 2017

풍부한 인생을 살기 위한

단 한 가지 비결은

그냥 주는 것이다!

비폭력대화
마셜 B. 로젠버그 / 한국NVC출판사 / 2017

Connection before Correction!

**될 일은 된다**
마이클 싱어 / 정신세계사 / 2016

# Life Knows Better!

나는 지금 누구를 사랑하는가
바이런 케이티 / 쌤앤파커스 / 2011

타인에게 인정받으려고
노력하지 않으면,
나는 늘 나 자신과 하늘로부터
인정받는 존재가 된다!

**잠재의식의 힘**
죠셉 머피 / 미래지식 / 2011

감사하는 마음은

항상

우주의 부에 가까이 있다!

돈 걱정없이 행복하게 꿈을 이루는 법
린 트위스트 / 랜덤하우스중앙 / 2005

돈 자체는 문제가 아니다.
진짜 문제가 있는 것은
돈과 우리의 상호관계다!

**놓아버림**
데이비드 호킨스 / 판미동 / 2013

문제 이면의 감정을
놓아버려라!
답이 저절로 모습을
드러낼 것이다!

깨어 있는 마음의 과학
도슨 처치 / 정신세계사 / 2020

당신에게 가능한

최고 진동 주파수에

자신을 조율하라!

**감응력**
페니 피어스 / 정신세계사 / 2010

직관을 올바로 해석하고
활용할 수 있는 사람은
무한한 삶으로 나아가는
만능열쇠를 얻게 된다!

**더 리치**
키스 캐머런 스미스 / 비즈니스북스 / 2020

나는 어떤 사람이 되고 싶은가?
왜 그런 사람이 되고 싶은가?
어떻게 하면 그런 사람이
될 수 있는가?

**결국 당신은 이길 것이다**
나폴레온 힐 / 흐름출판 / 2013

내 안의 위대함에
의지하게 만드는
모든 경험들은
축복이다!

**인생을 바꾸는 데는 단 하루도 걸리지 않는다**
고바야시 세이칸 / 토네이도 / 2015

감사의 본질은
있는 그대로를 인정하고
받아들이는 것이다!

**호오포노포노 실천법**
이하레아키라 휴렌 & 가와이 미사미 / 지식의숲 / 2019

우주는

우리들이 우주의 흐름과

일치할 때

완벽한 선물을 가져다준다!

**성공의 요체**
이나모리 가즈오 / 한국경제신문 / 2016

우주의 법칙에 따르면

모든 것이

잘 될 수밖에 없다!

**나는 무엇을 원하는가**
제임스 힐먼 / 토네이도 / 2013

내 목적은
나 이전에 존재했다.
나는 그것을 이루기 위해
태어났다!

에드가 케이시의 삶의 열 가지 해답
존 G. 풀러 / 초롱 / 2001

기도할 수 있는 한

걱정하지 말라!

**운을 끌어당기는 과학적인 방법**
다사카 히로시 / 김영사 / 2020

인생에서 일어나는 일은
모두 좋은 일이다!

**영혼을 위한 7단계 치유의 힘**
캐롤라인 미스 / 드림앤 / 2019

이 생애에서
나는 무엇을
배워야 하는가?

**마음의 힘**
바티스트 드 파프 / 토네이도 / 2014

우주의 모든 것이
그대 안에 있다.
무엇이든
그대 자신에게 물어보라!